Grundschule

Ulla Krawczyk

# Zeigt her eure Socken

AF577676

## Theaterprojekt für mehr Vielfalt und Toleranz

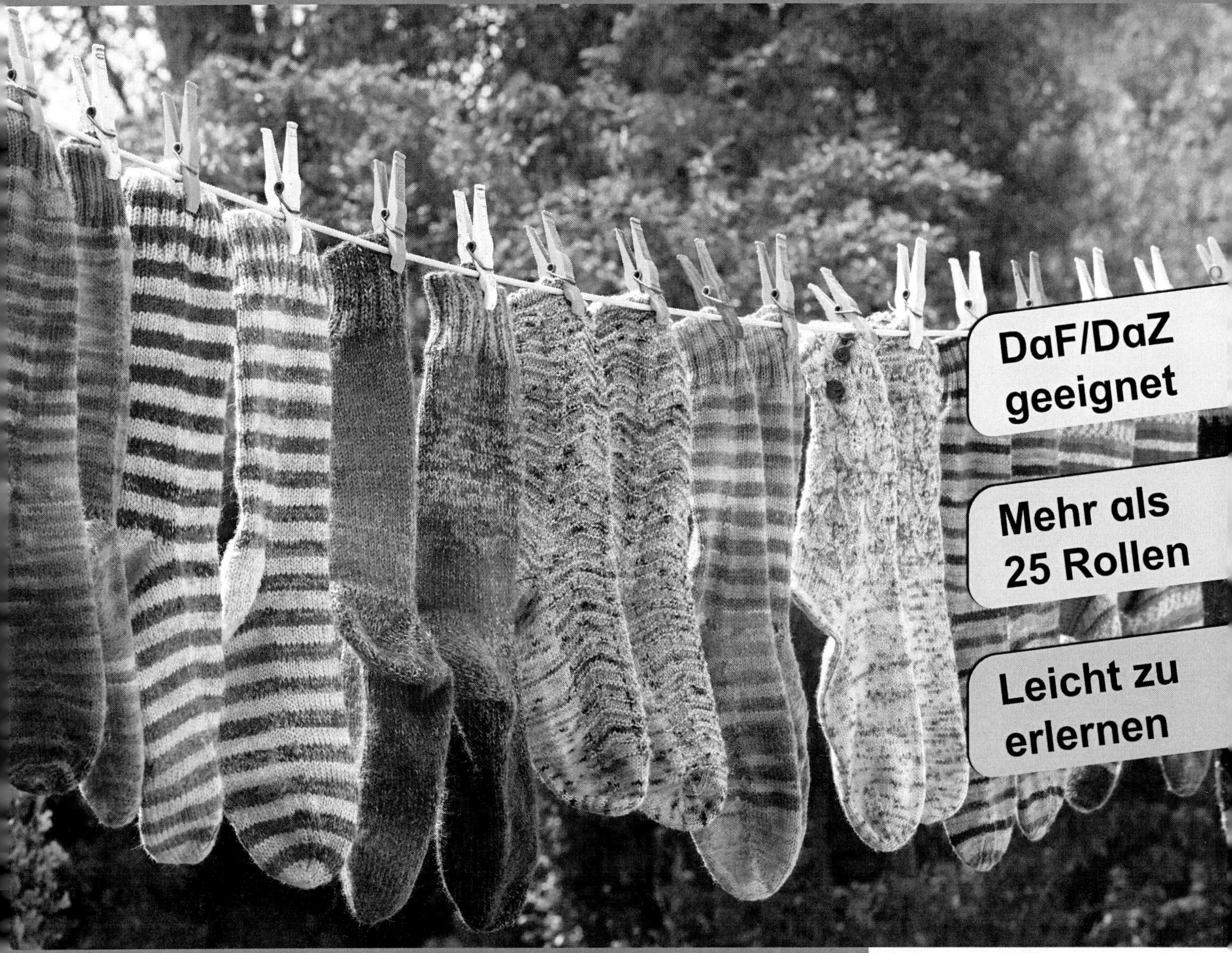

DaF/DaZ geeignet

Mehr als 25 Rollen

Leicht zu erlernen

- Bonusmaterial: Theaterspiele, Bühnengestaltung & Einladungen
- *Herr von Ribbeck* als Theaterspiel

# Zeigt her eure Socken

## Ein Theaterprojekt für mehr Vielfalt und Toleranz

3. Auflage 2026



Inhalt: Ulla Krawczyk
Coverbild: © macrossphoto - AdobeStock.com
Redaktion: Kohl-Verlag
Grafik & Satz: Kohl-Verlag
Druck: Druckerei Flock, Köln

**Bestell-Nr. 12 992**

**ISBN: 978-3-98841-009-2**

**Bildquellen © Autorinnen**
Ulla Krawczyk und Kerstin Tabbert

**Bildquellen © AdobeStock.com**
**S. 26**: lcrms



Kontakt: Kohl-Verlag, An der Brennerei 37-45, 50170 Kerpen
Tel: +49 2275 331610, Mail: info@kohlverlag.de

# Inhalt



# Vorwort

## Bühne frei ...

Sich zu präsentieren bedeutet, sich der Bewertung und der Kritik der anderen zu stellen und je nach Alter und Gruppe löst dies sicherlich nicht die große Begeisterung bei jedem von uns aus. Hier steht der Mensch mit all seinen Schwächen und Stärken, aber auch Sinnen und Emotionen im Mittelpunkt und deshalb spielen:

- die Sensibilität in der Vorgehensweise,
- die Regeln und Rituale, von denen diese Methode getragen wird,
- die Professionalität der Pädagogen

eine tragende Rolle bei deren Umsetzung. Dennoch sollte diese Methode für den Anwender nicht nur pädagogisch und wissenschaftlich begründet, sondern vor allem auch mit dem ganzen Geist und Körper erfahrbar sein. Es ist mir als Theaterpädagogin wichtig, anhand praktischer Beispiele aufzuzeigen, dass Spiele, Regeln und Rituale den Unterricht und jedes (Theater)projekt bereichern können.

Führen Sie diese stets am Anfang

- eines Schuljahres oder Halbjahres,
- eines Projektes,
- einer Lerneinheit

ein und erklären Sie diese sehr genau der Klasse oder Projektgruppe.

## Sich darstellen, Körperspannung aufbauen ...

In vielen Kindergärten/Schulen tragen die Kinder heute recht lose Pantoffeln/Patschen in denen sie sich dementsprechend bewegen. Sie haben zum Boden keinen richtigen Kontakt und gehen/laufen wie auf Schlittschuhen oder Skiern. Der Körper kann so keine Spannung aufbauen, die man für die Bühnenrolle unbedingt braucht. Deshalb lasse ich die Kinder Barfuß üben und für den Auftritt festes Schuhwerk anziehen. Probieren Sie es aus; Sie werden staunen wie unterschiedlich die Kinder stehen und gehen.

In diesem Sinne wünschen wir Ihnen viel Freude bei der Aufführung. Das Team des Kohl-Verlags und

Ulla Krawczyk



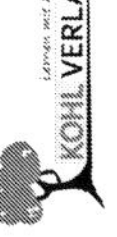

# Übungen

## Übung 1

***Einer bleibt* – Variante I – ein nonverbales Wechselbild**

Ein Thema, wie z. B. im Wald, in der Stadt, im Urlaub bildet die Grundlage dieses Spiels. Im Raum, in der Klasse wird nun der Bereich definiert, der zur Bühne erklärt wird. Die Gruppe wird nun aufgefordert per Handzeichen einen Gegenstand, eine Person zu nennen, die zu diesem Bild passt. Nun weist der Spielleiter die Teilnehmerinnen und Teilnehmer an, nacheinander auf der Bühne Platz zu nehmen, den Gegenstand zu benennen, darzustellen und im „freeze“ (im eingefrorenen Zustand, unbeweglich) zu bleiben. Sobald alle im Bild stehen, bestimmt der Spielleiter wer im Bild bleibt z. B. aus dem Wald-Bild die Säge des Holzfällers. Die Säge als Gegenstand bestimmt nun das Thema des neuen Bildes. Jetzt überlegt die Gruppe, wo könnte sich eine Säge befinden? – z. B. im Baumarkt. Das ist nun das Thema des neuen Bildes. Das erste Bild wird aufgelöst und nur die Säge bleibt auf der Bühne. Ein neues Bild „Im Baumarkt“ beginnt.

## Übung 2

***Einer bleibt* – Variante II – im Detail**

Man kann auch einzelne Bilder und Gegenstände in kleine Teile „zerlegen“, wie z. B. das Auto, den Baum, das Haus. Nun werden die Spieler aufgefordert, die einzelnen Teile zu nennen, sie darzustellen und ein Bild zu erstellen. Dieses Spiel hat noch viele weitere Varianten, die es lohnt selbst zu entwickeln und auszuprobieren.

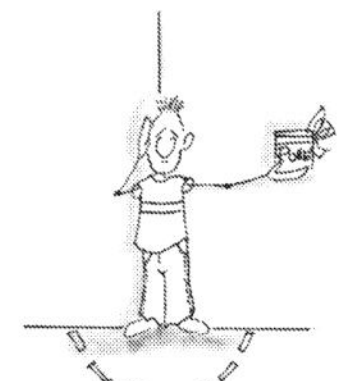

## Übung 3

***Ruhe ist ein Geschenk***

Wir alle empfinden Ruhe, Unruhe und die Stille recht unterschiedlich. Trotzdem benötigen wir für die ungestörte Kommunikation eine Basis die uns erlaubt, die Zielpersonen und Gruppe mit unseren Informationen ungestört zu erreichen und auch unsere Stimme zu schonen. Ein kreativer und manchmal aufgeregter Austausch ist auch notwendig aber wenn die Arbeit nach Stille ruft, schenken Sie sich mit diesem Ritual die Ruhe im Klassenraum. Diese Möglichkeiten sollten Sie aber auch den Kindern Ihrer Klasse zur Verfügung stellen, sodass auch die Ihnen und den anderen Mitschülerinnen und Schülern signalisieren können: mir ist das hier zu laut und zu unruhig.

- Ein markierter Kreis oder eine andere vorher bestimmte und der Klasse bekannte Stelle im Raum ist die „stille Stelle“. Sobald Sie diese betreten und in dieser nonverbal verbleiben bis die Stille im Raum einkehrt, ist das für die Klasse das nonverbale Zeichen, dass jetzt wieder alle aufmerksam zu Ihnen schauen sollten. Halten Sie es aus, einfach zu warten, werden Sie mit einer wunderbaren Ruhe und Aufmerksamkeit beschenkt. Ein Kind, das dieses Ritual anwenden möchte, kann sich an Sie wenden und Ihnen mitteilen, dass es dieses Geschenk gerade braucht.

# Übungen

- Eine dauerhafte Konzentration wirkt manchmal sehr ermüdend und verursacht eine Unruhe, der Sie mit einer schönen Übung entgegenwirken können. Die Schülerinnen und Schüler machen ihren Körper und Geist wieder wach und am Ende wird Ihnen eine Stille geschenkt, mit der Sie wieder weiter Ihren Unterricht fortsetzen können. Sie beginnen mit diesem Ritual indem Sie aufstehen und mit dem Klatschen in die Hände beginnen. Sie können einen bestimmten Rhythmus klatschen, wichtig ist aber, dass Sie verschiedene Körperteile „ab klatschen“: Oberarme, Oberschenkel, über Kreuz, mit einer Hand, mit beiden Händen, auf den Tisch klopfen und am Ende beide Arme nach oben strecken mit den offenen Handflächen der Klasse zugewandt. Für alle ein sichtbares und nonverbales Zeichen der Stille im Raum. Wichtig ist, dass so lange geklatscht wird, bis die ganze Klasse den vorgegebenen Ablauf und Rhythmus übernimmt.

Am Ende des Spiels oder auch zwischendurch kann man im Unterricht auch die ***„Brezelhände“*** einsetzen. So manches Kind kann sich damit besser konzentrieren und gut zuhören.

## Übung 4

***Wer ist hier der Regisseur***

Das Spiel kann sowohl im Sitzen als auch im Stehen durchgeführt werden.

- Sitzen – alle wenden sich mit dem Körper der Klassenmitte zu.
- Stehen – die Gruppe bildet einen Kreis.

Eine Schülerin oder ein Schüler werden bestimmt, um Bewegungen anzuleiten, die von der ganzen Gruppe nachgeahmt werden. Das Spiel beginnt nachdem eine Person den Raum verlässt, die Gruppe den Regisseur bestimmt und die Bewegungen von der Gruppe ausgeführt werden (z. B. mit dem Fuß stampfen, mit dem Kopf wackeln, in die Hände klatschen usw.). Wichtig ist, dass die Bewegung nach einigen Wiederholungen wechselt. Der Mitspieler wird hereingerufen und hat nun die Aufgabe zu erraten: wer ist hier der Regisseur! Es gibt drei Versuche. Das Spiel kann mehrere Runden durchgespielt werden. Wer entdeckt wird, geht raus. Tipp: Man sollte vermeiden den Regisseur anzustarren, sondern über die Spiegelung die Bewegung von dem Spieler, der dem Regisseur gegenübersitzt, übernehmen.

Zeigt her eure Socken – Ein Theaterprojekt für mehr Vielfalt und Toleranz – Bestell-Nr. 12 992

# Übungen

## Übung 5

***Texte verstehen und darstellen***

Dabei müssen es nicht unbedingt Theaterrollen sein oder Texte einer Fremdsprache, sondern z. B. Fachtexte aus Sachkunde, Biologie oder gar Mathematik.

- Die Kleingruppe (3-6 Personen) setzt sich mit einem Kurztext, Gedicht auseinander (gegenseitige Hilfe beim Übersetzen und verstehen).
- Die Gruppe erstellt 3-5 nonverbale Bilder zum Text, die für sich nacheinander, wie in einem Bilderrahmen, nonverbal präsentiert werden.
- Kinder im Kindergarten/Grundschulalter bitte ich ihre Rolle in Bildern darzustellen.
- Wenn sie mehrere Texteinsätze haben, dann benötigen sie auch mehrere Bilder.

Wenn man mit Übungen dieser Art beginnt, kommt relativ schnell auch von den Teilnehmerinnen und Teilnehmern der Wunsch, auch kleine Dialoge/Spielszenen erarbeiten zu wollen. Um diese Entwicklung positiv zu unterstützen, beginne ich immer mit dem absoluten Klassiker der Theaterpädagogik, den ich hier unter dem Namen „Einer bleibt" vorgestellt habe.

## Übung 6

***GDDR** – **g**ehe **d**urch **d**en **R**aum*

Ein gutes Aufwärmspiel vor der Theaterprobe.

Die Gruppe geht durch den Raum. Jeder in seinem eigenen Tempo.
Die Skala 1-10 besagt:

O = stehen und 10 = schnell gehen, ohne zu laufen. Die Spielleitung/der Spielleiter gibt die Figuren/Rollen vor, die von allen übernommen werden:

Wir gehen durch den Raum, wie König und Königin und wenn wir anderen begegnen, grüßen wir die auch wie ein König und eine Königin. Jeder geht in seinem Tempo und das liegt zwischen 2-4. Wir bleiben in den Rollen und setzen das Tempo auf 1 (Zeitlupe) oder auf 6 (hektisch).

Weitere Figuren: ein Riese, eine alte Frau, ein alter Mann, Roboter, ein Detektiv mit Lupe, ein Pinguin, usw.

Ein Ritual – 5 Regeln für ein friedliches und verständnisvolles Miteinander:

# Give me five!

## Ich bin:

1. Daumen: **fair und freundlich**
2. Zeigefinger: **achtsam**
3. Mittelfinger: **hilfsbereit**
4. Ringfinger: **sorgsam**
5. Kleiner Finger: **ehrlich**

KOHL VERLAG Zeigt her eure Socken – Ein Theaterprojekt für mehr Vielfalt und Toleranz – Bestell-Nr. 12 992

# FAHSE – Regeln

**fair und freundlich**

- zu allen Kindern und Erwachsenen
- zu allen Lebewesen wie auch Pflanzen und Tieren
- jeden grüßen
- Streitigkeiten mit der HALT-STOP-Regel beenden

**achtsam**

- Ich höre zu.
- Ich konzentriere mich.
- Ich suche Ruheoasen auf.
- Ich bleibe bei der mir aufgetragen Aufgabe, bis sie erledigt ist.

**hilfsbereit**

- Ich helfe anderen gerne.
- Alleine schafft man nicht alles, aber dafür gemeinsam – ich bringe mich ein.

**sorgsam**

- Ich gehe mit meinen Sachen und allen Sachen und Gegenständen in der Schule gut um.
- Ich halte Ordnung in der Schule, Klasse, in meinem Fach, auf meinem Tisch und in der Schultasche.
- Ich verschwende kein Wasser, kein Papier und andere Materialien in der Schule.

**ehrlich**

- Ich sage stets die Wahrheit.
- Ich gebe Fehler zu.
- Wenn ich mal geflunkert habe, entschuldige ich mich dafür.

**Bemerkung:** Die „HALT-STOP – Regel" bedeutet: Sobald man merkt, dass ein Streit beginnt, streckt man die Hand deutlich aus und sagt laut dem Gegenüber „HALT-STOP"!

KOHL VERLAG Zeigt her eure Socken – Ein Theaterprojekt für mehr Vielfalt und Toleranz – Bestell-Nr. 12 992

# Unterstützende Verse

## Das bin ich

Ich bin freundlich,
und ich helfe gern!
Sich zu streiten, das liegt mir fern!
Ich gehe gerne zur Schule
und verhalte mich stets fair.
So kann ich hier gut lernen
und das gefällt mir sehr!

## Lieber über alles reden

Liebe/r ____________________
ich bin hier und da
gern dabei!

So wie DU
auch nicht immer fehlerfrei!

Habe deshalb Nachsicht mit mir,
denn Fehler wird es immer geben.

Aber ich entschuldige mich dafür,
Hauptsache wir können über alles reden!

## Sich entschuldigen

Ich habe Mist gebaut,
mein Verhalten war nicht gut.

Um sich sofort zu entschuldigen,
dafür fehlte mir der Mut.

Ich möchte es wieder gut machen,
das will ich dir hiermit sagen.

Ich reiche dir meine Hand
und möchte mich wieder vertragen.

# Zum Schluss! – Bühnengestaltung

## Zum Schluss!

Ich hoffe, diese Spiele, Übungen und Rituale haben bei Ihnen die Lust auf mehr geweckt. Sie können, wie Sie sicherlich schon gemerkt haben, diese Spiele weiterentwickeln und Ihren Bedürfnissen und Themen des Unterrichts anpassen. Es ist auch zu empfehlen grundsätzlich den Spielen und Übungen stets einen Namen zu geben, den auch die Gruppe bestimmen kann. So kann man sich die Spiele besser merken und nach Bedarf genügt dann ein Wort und die Gruppe folgt dem Spiel.

Auch wenn nicht jedes Spiel sofort so klappt, wie Sie es sich vorgestellt haben, geben Sie nicht zu schnell auf. Denken Sie dann an die „Karussell – Regel". Denn auch ein Karussell bleibt manchmal leer, trotzdem hört man dann die freundliche und mit Begeisterung klingende Kirmes-Ansage die dazu einlädt mitzufahren und mehr als nur einmal mit dem Karussell die Runden zu drehen.

Deshalb …

„Bleiben sie dabei, fahren (spielen) Sie noch einmal mit uns!!!!"

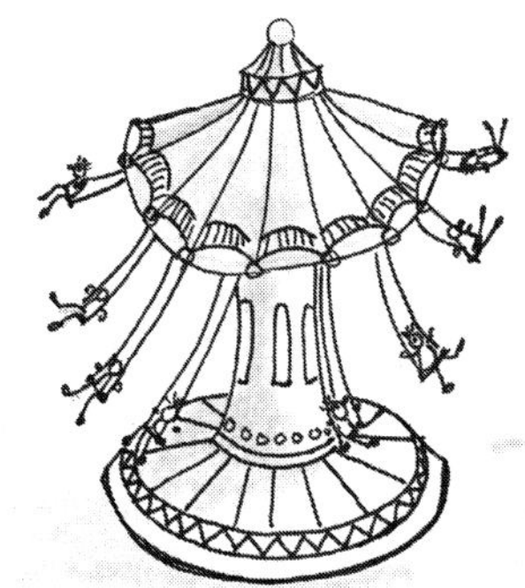

***Haben Sie noch weitere Fragen oder Ideen, die Sie gerne mit mir teilen möchten? Ich freue mich über Nachrichten von Ihnen. Sie erreichen mich über meine Webseite: www.nur-theater.de***

## Bühnengestaltung

Tipps und Ideen

Wenn die große Spiellust der Kinder da ist, sollten Sie nicht mit Tätigkeiten ausgebremst werden, die sicherlich vielen sehr viel Freude bereiten, die aber vielleicht gerade für Sie zu schwer oder zu mühsam sind. Dabei wollen Sie doch eigentlich „nur" Theater spielen. Deshalb gestalten und setzen Sie Ihre Stücke so um, dass Sie auch:

- ohne viel Dekorationsaufwand,
- in jeder Klasse,
- und jedem Raum, den man zur Bühne erklärt,
- und mit der ganzen Klasse/Gruppe

Theater spielen kann.

KOHL VERLAG Zeigt her eure Socken – Ein Theaterprojekt für mehr Vielfalt und Toleranz – Bestell-Nr. 12 992

# Einfach Theater spielen

## Einfach Theater spielen können:

An den Beispielen (s. Zeichnung Bühnenelemente Seite 13) möchte ich Ihnen zeigen, wie man schnell aus jedem Klassen-/Raum einen Bühnenraum buchstäblich „zaubert“. Wie Sie mit Stoffen, Bettlaken, Kartenständern und dem Klassenmobiliar einen Raum wirkungsvoll verändern können. Die Bühne sollte stets einfach und neutral wirken, um nicht vom Geschehen selbst abzulenken. Alles, was zu viel ist, sollte abgeräumt oder abgedeckt werden.

Alle Gegenstände, Dekorationselemente und Requisiten sollten in den Stücken nur gezielt und unterstützend eingesetzt werden. So bleibt genügend Raum für die Kreativität der jungen Darsteller und der/des Projektleiterin/Projektleiters.

Die Stücke müssen natürlich nicht in der Klasse gespielt werden, aber mit ein paar Sätzen möchte ich Ihnen die Vorteile schildern, die ein Klassenraum gerade für die jungen Darsteller bieten kann. In meinen Stücken geht es stets um die kleinen Geschichten aus der Welt der Kinder und Jugendlichen die so oder so ähnlich, schon irgendwo stattgefunden haben. Für die meisten ist die eigene Klasse ein Raum, in dem sie viele Stunden des Tages verbringen und in dem sie sich sicher und meistens auch wohl fühlen. Die innige Atmosphäre wirkt unterstützend. Auch der Zuschauerraum wird dadurch recht klein und ist so der Bühne sehr nah. Dadurch erleben die Zuschauer alles auch viel intensiver, als z. B. in einer Turnhalle.

**Der Klassenraum bietet folgende Vorteile:**

- Die Proben können öfter stattfinden und auch mal kurz zwischendurch.
- Das Stück kann öfter gespielt werden.
- Die Spiellust der Kinder wird dadurch gesteigert und gibt den Kindern die nötige Bühnensicherheit.
- Auch die leisen Kinder werden gehört und so manches Kind wächst dabei über sich selbst hinaus.

Die Klassentür ist der Zugang zur Bühne und kann geöffnet mit einem Vorhang oder Stellwand (s. Bild) versehen werden. Die Kinder stehen im Off (das ist der unsichtbare Raum der Bühne) d. h. vor dem Klassenraum und warten auf ihren Auftritt. So können sie der Handlung auf der Bühne folgen, um nicht den eigenen Auftritt zu verpassen.

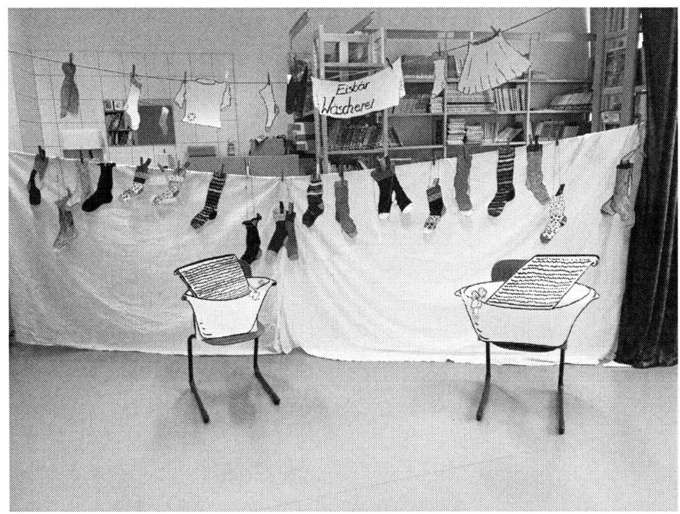


Das Bild zeigt eine Bühnengestaltung der GTVS Spielmanngasse in Wien.

KOHL VERLAG Zeigt her eure Socken – Ein Theaterprojekt für mehr Vielfalt und Toleranz – Bestell-Nr. 12 992

# Masken und Kopfschmuck

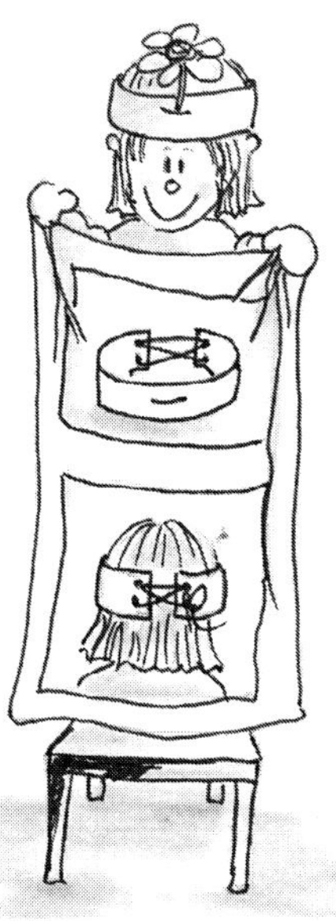

**Material:**

**Tonpapier, Verstärkungsringe, Gummiband, doppelseitiges Klebeband**

Daran kann alles, was als Maske oder Kopfschmuck notwendig ist, angebracht werden. Die Grundausgangskostüme für die Kinder (siehe „Was ziehe ich an") können eigentlich immer aus einer dunklen Hose und einem weißen T-Shirt bestehen. Der Kopfschmuck und vor allem die Rolle sind oft Hinweis genug um welche Figur es sich im Stück handelt.

# Stellwände, Stoffe, transportable Bühnenelemente

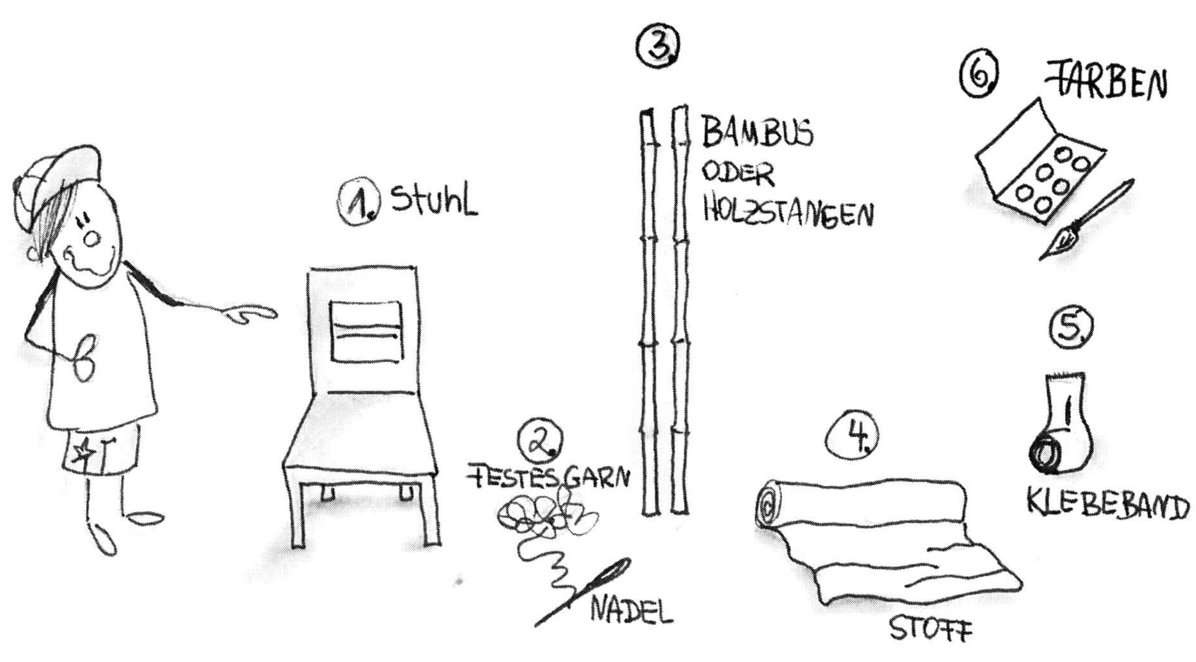


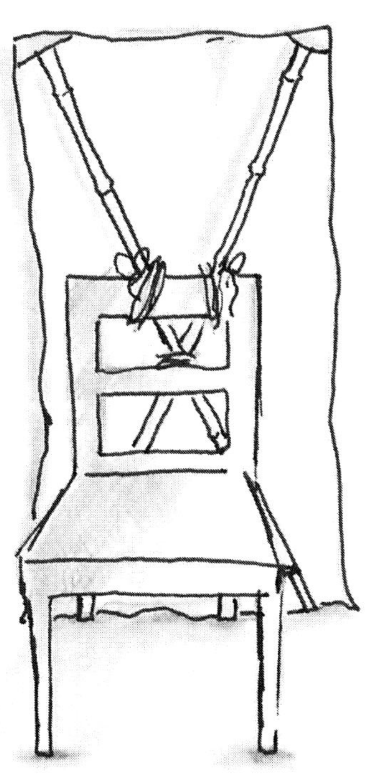

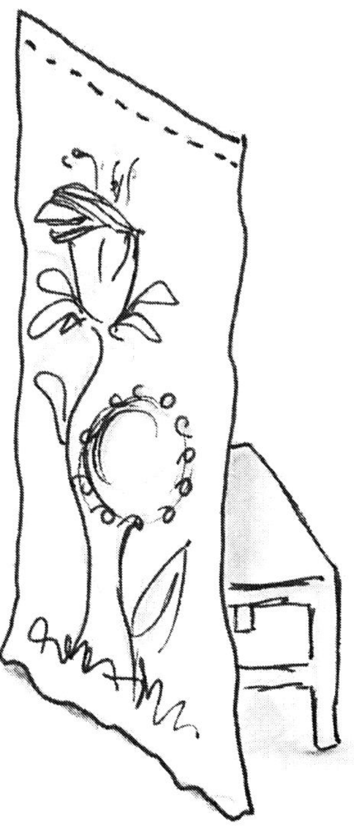

KOHL VERLAG Zeigt her eure Socken – Ein Theaterprojekt für mehr Vielfalt und Toleranz – Bestell-Nr. 12 992

# Stellwände, Stoffe, transportable Bühnenelemente

Aus ca. 2 m langen Bambusstäben (bekommt man in jedem Gartencenter oder Baumarkt) und Pansamt oder jedem anderen dehnbaren und nicht knitterndem Stoff, zaubern sie ganz schnell Stellwände hin, an denen man auch verschiedene Dekorationselemente anbringen kann. Die Ecken des Stoffes werden am Ende umgeschlagen und festgenäht, sodass die Stäbe guten Halt bekommen und den Stoff spannen. Mit Bändchen werden die Wände an einem Stuhl fixiert. Sie sind sehr leicht und können dadurch gut transportiert werden, falls Sie auch Gastauftritte planen.

Mit diesen Stellwänden erzeugen sie Tiefe und Abwechslung auf der Bühne. Auf den Stühlen können Requisiten abgelegt werden, die vielleicht erst später im Stück zum Einsatz kommen, aber auch Kinder können diesen Raum als Off benutzen.

Auch alte Kartenständer eignen sich hervorragend als Bühnenelemente.

Alle Tafeln und feste Dekorationen im Raum sollten auch mit Stoffen abgedeckt werden, damit der Bühnencharakter unterstrichen wird.

## Vor dem Auftritt

- Kündigen Sie den Auftritt der Kinder rechtzeitig mit Plakaten an.
- Nennen Sie darin die Rollen und Namen der Darsteller. Alle sind immer wie „Hauptdarsteller“ zu sehen, weil auch ohne die kleinste Rolle die Handlung nicht weiter gehen kann und deshalb ist jeder genauso wichtig wie die Hauptfigur.
- Versenden und verteilen Sie Einladungen, die Sie mit den Kindern zusammen gestalten (s. Bild Einladung - Vorlage)
- weisen Sie schon in der Einladung darauf hin, dass während der Vorstellung nicht gefilmt und fotografiert werden darf. Nur so können die Eltern und alle anderen Gäste tatsächlich eine Aufführung erleben. Die Kinder wollen doch nicht 30 und mehr Handys sehen, sondern die staunenden und glücklichen Gesichter der Zuschauer. Wichtig: Erinnern Sie daran, dass heute sehr viele Fotos über verschiedene Netze versendet und auf verschiedenen Portalen publiziert werden; doch vielleicht möchten manche Eltern das einfach nicht, was man sehr gut verstehen kann. Auch der Datenschutz ist, wie sie wissen, zu berücksichtigen.
- Am Ende der Aufführung kann jeder sein Kind vor der Kulisse fotografieren.
- Klären Sie alle diese Dinge rechtzeitig mit den Eltern ab.
- Auch selbst gestaltete Eintrittskarten kommen gut an.
- Kinder, die nicht aktiv am Stück mitgewirkt haben, können Platzanweiser sein und gestalterisch mitwirken (Regieassistent, Lichttechniker, Bühnengestalter, usw.).
- Machen Sie, wenn sich das technisch einrichten lässt, schöne und dezente Einlassmusik. Das erzeugt eine besondere Atmosphäre und steigert die Spannung.
- Lassen Sie die Kinder kreativ mitwirken und ein dicker Applaus ist Ihnen sicher!

# Was ziehe ich an?

Egal welches Stück sie spielen möchten, auch für die Kleidung soll nicht zu viel Aufwand betrieben werden. Aber auch hier entscheiden sie, wieviel Farbe sie einbringen wollen. Doch wie so oft, auch im Theater gilt: Weniger ist oft mehr!

Die Klasse vor der Aufführung „Zeigt her eure Socken“

# Probenzeit/Regiearbeit

- Gut geplant = gut gespielt!
- Rollenverteilung/Rollenfindung: Stets betonen, dass jede Rolle wichtig ist. Auch ohne den kürzesten Satz, geht ja die Handlung nicht weiter.
- Probenplan aufstellen: HP = Hauptprobe, GP = Generalprobe, Premiere
- Das Theaterstück in einzelne Szenen einteilen und nie immer nur von Anfang an proben, sondern mal nur die Mitte, mal nur das Ende.
- Festlegen, wann welche Szene geprobt wird. Nach dem Probenplan nur die zur Probe einladen, die auch in der Szene ihren Auftritt haben. Ist dies nicht möglich, überlegen, womit man die nicht aktiven Teilnehmerinnen und Teilnehmer beschäftigt (Eintrittskarten basteln, Einladungen schreiben, Plakate gestalten, Kulisse gestalten, Bilder ausmalen s. Bildvorlagen zu den Stücken).
- Requisiten und Kostüme schon während der Probenzeit einbringen (das unterstützt die Rolle).

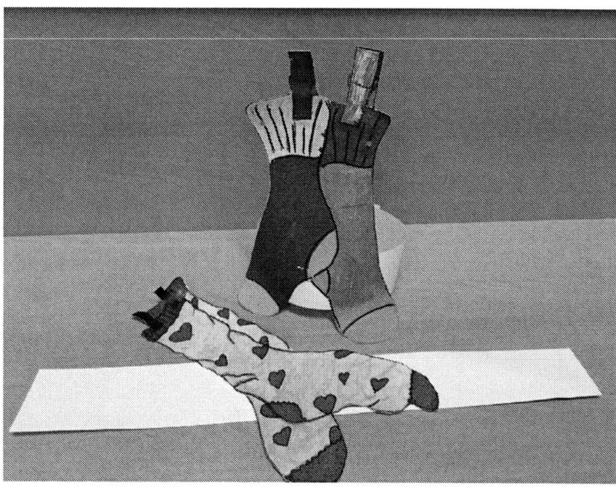

**Beispiele aus dem Projekt in Wien GS Spielmanngasse**

# Theaterstück – Zeigt her eure Socken

## Rollenverteilung

| **Personen:** | können reduziert (Zusammenlegung der Texte) oder erweitert (Spaltung) werden |
|---|---|
| *Erzähler* | 1 (der Text kann bei Bedarf auf zwei Personen verteilt werden) |
| *Waschfrauen* | 2 |
| *Socken* | 18 |
| *Katzen* | 2 |
| *Hunde* | 2 |

### Bühne:

Die Bühne (s. Titelbild) ist mit wenigen Elementen dekoriert. Wenn Sie im Klassenraum spielen, achten Sie darauf, dass der Hintergrund nicht ablenkt mit Sachen, die fest angebracht sind. Lieber mit großen Tüchern abdecken oder auf der Tafel mit großen Buchstaben z. B. „Die Wäscherei der Klasse 3“ schreiben.

### Hinweise zur Umsetzung:

Der Text ist im Reim geschrieben, deshalb ist das Tempo und der Takt in dem gesprochen wird, recht wichtig. Stellen die besonders betont werden müssen, sind im Text unterstrichen.

Regieanweisungen sind stets *kursiv* im Text geschrieben.

Das Stück hat so viele Rollen, dass alle Kinder mit allen ihren Stärken und Schwächen berücksichtigt werden können. Dabei ist jede Rolle eine wichtige Rolle, denn auch ohne den kleinsten Satz und die geringste Geste geht die Handlung nicht weiter. Das sollten Sie auch so den Kindern vermitteln, damit es keinen Streit um die Hauptrollen gibt.

**Und nun viel Freude ...**

# Theaterstück – Zeigt her eure Socken

*Der Erzähler betritt die Bühne. Er begibt sich an seinen festen Platz und steht wie ein Bänkelsänger am Rande der Bühne. Hinter ihm schleichen sich die Katzen (rechts) und die Hunde (links) zur Bühne ein. Alle Socken-Kinder hocken mit ihrer Kopfbedeckung bereits vor Beginn hinter dem Vorhang (s. Titelbild).*

**Erzähler:** Hört nun her alle Leut'
was ich euch erzählen werde heut.
Ihr müsst dabei nichts notieren
und schon gar nicht fleißig fotografieren.
Denn diese Geschichte beginnt auf jeden Fall,
wie alle Geschichten, mit einem:

*Damit es auch gemeinsam klappt, übernimmt ein Kind das Zeichen, auf das alle hinterm Vorhang im Chor sprechen.*

**Kinder im Off:** Es war einmal!

**Katze 1:** Ich bin die leise Katze
und tanze hier herum auf einer Tatze.
Ja, davon habe ich sogar vier,
aber was macht ihr denn hier?

**Hund 1 und 2:** Wir sind die Hunde – wau – wau!

**Hund 1:** Der Benno knurrt laut.
Er kann halt kein Miau.

**Hund 2:** Die Bella ist sanft, so wie die Katzen
und sie hat auch vier wunderbare Tatzen.

**Katze 2:** Doch Katzen spielen mit Hunden nicht.
Man sagt uns immer:
Ein Hund ist ein Bösewicht!

*Die Hunde protestieren und stemmen sich gegen diese Aussage.*

**Hund 1 und 2:** Das stimmt aber nicht!

*Die Waschfrau 1 betritt die Bühne.*

**Waschfrau 1:** Husch, husch – was ist das hier nur für ein Krach?

*Die Hunde und Katzen laufen fauchend nach links und rechts und bleiben dort stehen. Die Waschfrau wendet sich an das Publikum.*

# Theaterstück – Zeigt her eure Socken

Nun, seid ihr jetzt auch alle richtig wach?

Denn gleich wird hier fleißig die Wäsche gemacht.
Ihr glaubt mir nicht – dann gebt nun gut Acht!

*Waschfrau 2 kommt zur Bühne.*

**Waschfrau 2:** Reiche mir die Leine und spanne sie hier fest!
Erst machen wir die Socken und dann den ganzen Rest.

*Die Wäscheleine wird entlang des Vorhangs gespannt (sie kann nach hinten fallen gelassen werden oder man tut so als ob man eine Leine spannen würde). Zwei Wannen (Reibeisen wenn vorhanden oder Zeichnungen an einem Karton angeklebt, s. Titelbild) stehen bereits auf der Bühne und die Waschfrauen beginnen die Wäsche zu waschen. Die Hunde und Katzen unterstützen die Waschfrauen beim Singen und machen alle Bewegungen des Liedes vor. Die Socken-Kinder (im Off), singen laut mit.*

**Zeigt her eure Füßchen.**
**Zeigt her eure Schuh'**
**und sehet den fleißigen Waschfrauen zu.**
**Sie waschen, sie waschen**
**sie wasch'n den ganzen Tag.**
**Sie waschen, sie waschen**
**Sie wasch'n den ganzen Tag.**

**Zeigt her eure Füßchen.**
**Zeigt her eure Schuh'**
**und sehet den fleißigen Waschfrauen zu.**
**Sie wringen, sie wringen**
**sie wring'n den ganzen Tag.**
**Sie wringen, sie wringen**
**sie wring'n den ganzen Tag.**

**Waschfrau 1:** Ach die vielen bunten Socken ...

**Waschfrau 2:** Ich habe mich beim Anblick in den Korb auch richtig erschrocken.

**Waschfrau 1:** Ach nun,da sind auch die neuen schon dabei.

**Waschfrau 2:** Die aus der Straße hier um die Ecke, gleich hinter der Wäscherei?

**Waschfrau 1:** Ja, ja, das alles hier, ist unser buntes Allerlei!

# Theaterstück – Zeigt her eure Socken

*Bei der nächsten Strophe des Liedes werden die Socken-Kinder „an die Leine gebracht" indem die Waschfrauen die Sockenkinder mit beiden Händen zum Aufstehen animieren. Diese stellen sich in zwei, drei Reihen hinter dem Vorhang auf. Der Vorhang sollte nur so hoch hängen, dass man alle Köpfe samt Kopfschmuck gut sehen kann. Die Plätze der Kinder (wer, wo steht) am besten schon vorher festlegen!*

**Zeigt her eure Füßchen**
**Zeigt her eure Schuh'**
**Und sehet den fleißigen Waschfrauen zu**
**Sie hängen, sie hängen**
**Sie häng'n den ganzen Tag**
**Sie hängen, sie hängen**
**Sie häng'n den ganzen Tag**

**Waschfrau 1:** Das wäre wohl geschafft!

**Waschfrau 2:** Dann bis später, um Acht!

*Beide Waschfrauen gehen ab.*

*Bei dem Text der Socken bitte auf das Sprechtempo achten, damit der Reim nicht verloren geht.*

**Socke 1:** Nun hänge ich hier schon wieder und singe diese Lieder.

**Socke 2:** Ach schau, meine Ferse hat hier einen Knick.

**Socke 3:** Dort ist sie wohl einfach zu dick!

**Socke 4:** Und meine hat hier eine Falte.

**Socke 5:** Ach, das ist doch keine Neue, das ist ja noch die Alte!

**Socke 6:** Meine Farben sind blass geworden.

**Socke 7:** Und deswegen machst du dir jetzt Sorgen?

**Socke 8 :** Und ich habe hier eine lange Laufmasche.

**Socke 9:** Das ist jetzt egal, denn meine Schwester ist noch in der Sporttasche!

**Socke 10:** Mein Bruder fehlt in der Wäsche schon zum zweiten Mal!

**Alle Socken:** Oh weih, oh weih! Oh weih!



KOHL VERLAG Zeigt her eure Socken – Ein Theaterprojekt für mehr Vielfalt und Toleranz – Bestell-Nr. 12 992

# Theaterstück – Zeigt her eure Socken

| | |
|---|---|
| Erzähler: | So geht das hier immer zu.<br>Mal sind sie brav,<br>mal geben sie keine Ruh.<br>Sie sind so schön bunt,<br>dass sich das Auge daran erfreut<br>aber was sehe ich denn da wohl heut???<br><br>Zwei Socken ohne Gelb, Blau, Rot und Grün?<br>Das macht doch alles keinen Sinn.<br><br>Die sind ja wirklich nur schwarz und weiß! |
| Socke 11: | Ha, ha, da war die Lauge wohl zu heiß! |
| Socke 12: | Deshalb bin ich wohl auch so klein geworden. |
| Socke 13: | Ach, mache dir deswegen doch keine Sorgen. |
| Socke 14: | Ja, aber dann sind wir nicht mehr ein Paar. |
| Socke 15: *(weiß)* | Dann nehme einfach mich, ich passe zu jedem wunderbar! |
| Socke 16: | Du bist hier wohl ganz neu und ein Muster fehlt dir auch |
| Socke 17: *(schwarz)* | Ist das hier ein Muss? Ist das hier so Brauch? |
| Socke 18: | Jeder kann hier sein, wie er will, mit oder ohne Muster,<br>das ist jetzt hier der neue Stil! |
| Socke 1: | Aber das schaut doch gar nicht aus!<br>Bunt ist bunt und grau ist nur die Maus! |
| Socke 2: | Wir könnten doch alle ein wenig Farbe abgeben. |
| Socke 3: | Niemals!<br><br>Aus meinem kurzen Sockenleben? |
| Socke 4: | Mich fragt hier wieder keiner, wie immer. |
| Socke 5: | Wenn wir uns streiten, wird es nur noch schlimmer. |
| Socke 6: | Ich will nur trocken werden und meine Ruhe haben. |
| Socke 7: | Da will ich aber erst hören, was die anderen dazu sagen. |



KOHL VERLAG Zeigt her eure Socken – Ein Theaterprojekt für mehr Vielfalt und Toleranz – Bestell-Nr. 12 992

# Theaterstück – Zeigt her eure Socken

| | |
|---|---|
| **Socke 8:** | Die Sonne brennt und bringt mich zum Schwitzen! |
| **Socke 9:** | Ich will nicht mehr hängen, ich will jetzt nur noch sitzen! |
| **Hunde u. Katzen:** | Pssst jetzt alle, die Waschfrauen kommen! |
| **Socke 11:** | Jetzt werden wir wohl wieder von der Leine genommen. |
| **Socke 12:** | Im Korb debattieren wir dann weiter. |
| **Socke 13:** | Ja, das wird mal hier wieder richtig heiter! |

*Die Waschfrauen kommen zur Bühne und stellen sich links und rechts an die Leine und schauen sich die Socken an.*

**Erzähler**

So ist halt die Socken Welt.
Mal denkt sie nur an sich,
mal wie es ihr gefällt.
Doch am Ende bekleiden sie friedlich viele Füße,
weil das im Sockenleben so sein müsse.

Doch Mensch der sie trägt,
passt auf diesen Frieden nicht immer gut auf.
Na ja, aber er steht trotzdem täglich gut drauf !!!!!!!!!!!

| | |
|---|---|
| **Waschfrau 1:** | Ach, nun müssen wir die bunten Socken sortieren |
| **Waschfrau 2:** | und die eine oder andere einfach reparieren. |
| **Waschfrau 1:** | Was sollen wir mit denen machen, wo die zweite Socke fehlt? |
| **Waschfrau 2:** | Vielleicht etwas anderes, wenn es nicht anders geht! |
| **Katze 1:** | Die armen Socken! |
| **Katze 2:** | Welch ein schweres Leben |
| **Hund 1:** | aber nun sie einfach wegwerfen, |
| **Hund 2:** | da muss es noch andere Möglichkeiten geben! |
| **Alle weiblichen Socken:** | Was wird wohl aus uns werden? |
| **Socke 15:** | Werde ich jetzt weggeworfen? |
| **Alle männlichen Socken:** | Müssen wir jetzt als Socken sterben? |

# Theaterstück – Zeigt her eure Socken

**Erzähler:** Ach die armen Socken,
so allein und mit einem Loch.
Will sie jemand haben noch?
Die Mülleimer rufen schon laut .
doch eine gute Idee sagt mir: HALT!

*Jetzt an das Publikum gewandt:*

Nun seid ihr aber für die Überraschung bereit?
Da wo ihr sitzt, da wo ihr seid?

*Die Waschfrauen flüstern sich etwas aufs Ohr, klatschen ab und gehen zu den traurigen Socken hin.*

**Waschfrau 1:** Ach, wer hier so laut weint und schreit .

**Waschfrau 2:** Ist bestimmt für eine neue Idee bereit!

**Waschfrau 1:** Die wir jetzt für euch haben.

**Waschfrau 2:** Folgt uns alle

**Waschfrau 1 + 2:** in den tollen IDEENLADEN!

*Die Waschfrauen heben den Vorhang und alle Socken gehen ins Off. Die Waschfrauen zum Schluss auch.*
*Der / die Erzähler geht / gehen in die Mitte der Bühne und sprechen zum Publikum.*

**Erzähler:** Gleich werdet ihr staunen und herzlich lachen,
denn aus allen Socken dieser Welt
kann man viele herrliche Sachen machen.

Zählt nun alle laut mit mir:
Zehn
Neun
Acht
Sieben
Sechs
Fünf
Vier
Drei
Zwei
Eins
Zero!
Da kommen sie nun!
BRAVO!

# Theaterstück – Zeigt her eure Socken

*Die Waschfrauen kommen mit allen Sockenkindern zurück zur Bühne. Alle halten eine Socke in der Hand, aus der sie etwas anderes gebastelt haben:*

- Steckenpferde
- Hand-Puppen
- Gürtelbeutel
- Geschenkverpackung mit Schleife

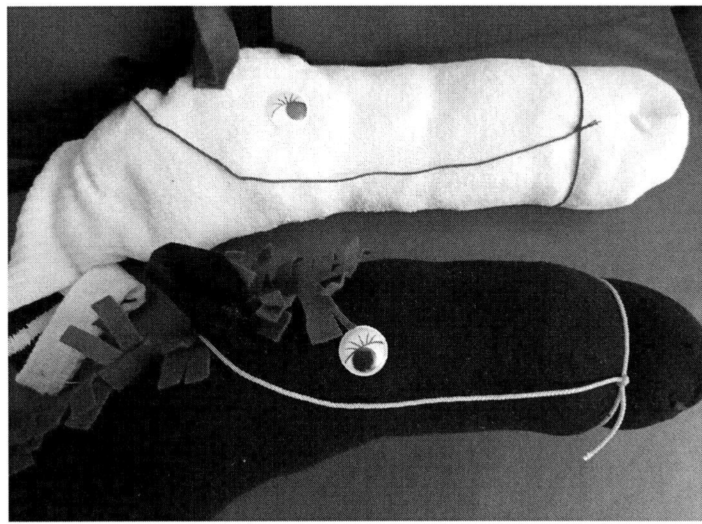

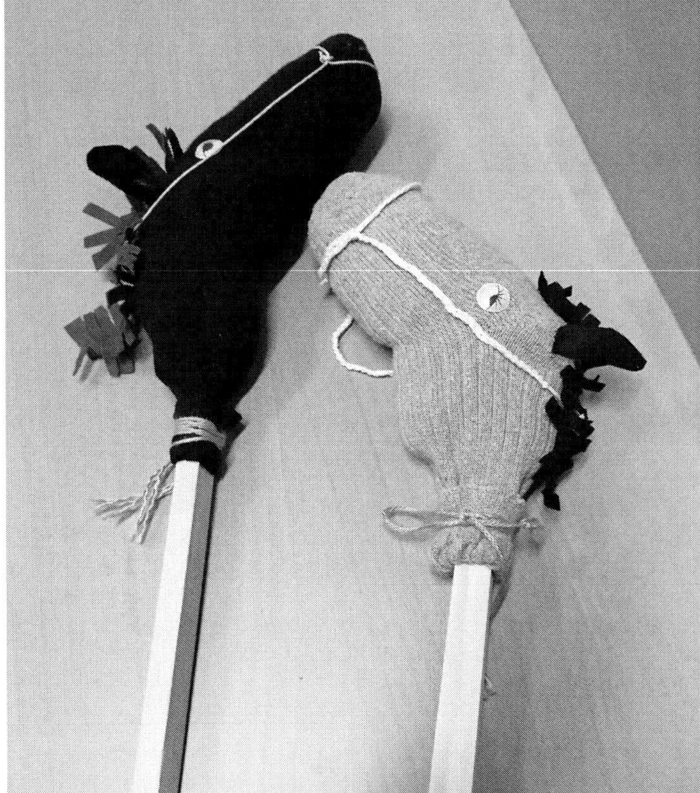

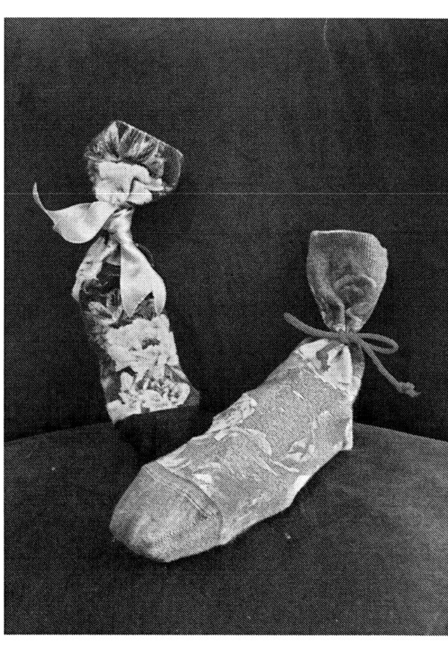

*Alle singen zusammen und nehmen ihre Position zum Schlussbild (bitte vorher festlegen) ein.*



Zeigt her eure Socken – Ein Theaterprojekt für mehr Vielfalt und Toleranz – Bestell-Nr. 12 992

# Theaterstück – Zeigt her eure Socken

Zeigt her eure Füßchen.
Zeigt her eure Schuh'
und sehet den fleißigen Waschfrauen zu.
Sie tanzen, sie tanzen
sie tanz'n den ganzen Tag.
Sie tanzen, sie tanzen
sie tanz'n den ganzen Tag.

**Erzähler:** Ja da habt ihr wohl gestaunt
und große Augen gemacht!
Ihr wart überrascht und habt auch gelacht.

Doch hier ist die Geschichte aus
und wir alle gehen gleich nach Haus.

Wo vielleicht alte Socken liegen
die im Müll nichts zu suchen haben,
denn mit guten Ideen
machen wir daraus schöne Gaben.

**Socke 1 und 2:** kommen nach vorn und halten sich wie Freunde zusammen.

**Socke 1:** Auch ich habe hier einen neuen Freund gefunden
bevor man mich steckte in eine Kommode.

**Socke 2:** Zwei verschiedene Socken gehören ab jetzt zusammen.
Das erklären wir hiermit zur neuesten Mode!

*Sie heben ein Schild mit der Aufschrift: Der letzte Modeschrei! – auf dem zwei verschiedene Socken an den Füßen zu sehen sind.*

**Erzähler:** **Der Theatervorhang geht nun zu
das Licht ebenso aus!
Und wenn es euch gefallen hat,
dann spart nicht mit Applaus!**

*Der Erzähler zeigt zu allen Darstellern die sich jetzt zusammen vor dem Publikum verbeugen.*
*Alle gehen von der Bühne ab und singen das Lied, bis jeder die Bühne verlassen haben.*

ENDE



KOHL VERLAG Zeigt her eure Socken – Ein Theaterprojekt für mehr Vielfalt und Toleranz – Bestell-Nr. 12 992

# Herr von Ribbeck – Theodor Fontane

Herr von Ribbeck auf Ribbeck im Havelland, (1)
Ein Birnbaum in seinem Garten stand (2)
Und kam die goldene Herbsteszeit (3)
Und die Birnen leuchteten weit und breit,
Da stopfte, wenn's Mittag vom Turme scholl, (4)
Der von Ribbeck sich beide Taschen voll,
Und kam in Pantinen ein Junge daher, (5)
So rief er: „Junge, wiste 'ne Beer?"
Und kam ein Mädel, so rief er: „Lütt Dirn, (6)
Kumm man röwer, ick hebb 'ne Birn."

} Erzähler der Geschichte

So ging es viel Jahre, bis lobesam,
Der von Ribbeck auf Ribbeck zu sterben kam.
Er fühlte sein Ende. 's war Herbsteszeit,
Wieder lachten die Birnen weit und breit
Da sagte von Ribbeck: „Ich scheide nun ab.
Legt mir eine Birne mit ins Grab."
Und drei Tage drauf, aus dem Doppeldachhaus,
Trugen von Ribbeck sie hinaus,
Alle Bauern und Büdner mit Feiergesicht,
Sangen „Jesus, meine Zuversicht",
Und die Kinder klagten, das Herze schwer:
„He is dod nu. Wer giwt uns nu 'ne Beer?"

So klagten die Kinder. Das war nicht recht –
Ach, sie kannten den alten Ribbeck schlecht;
Der neue freilich, der knausert und spart,
Hält Park und Birnbaum strenge verwahrt.
Aber der alte, vorausahnend schon
Und voll Mißtraun gegen den eigenen Sohn,
Der wußte genau, was damals er tat,
Als um eine Birn' ins Grab er bat,
Und im dritten Jahr, aus dem stillen Haus,
Ein Birnbaumsprößling sproßt heraus.

Und die Jahre gehn wohl auf und ab,
Längst wölbt sich ein Birnbaum über dem Grab,
Und in der goldenen Herbsteszeit,
Leuchtet's wieder weit und breit.
Und kommt ein Jung' übern Kirchhof her,
So flüstert's im Baume: „Wist 'ne Beer?"
Und kommt ein Mädel, so flüstert's: „Lütt Dirn,
Kumm man röwer, ich gew di 'ne Birn."

So spendet Segen noch immer die Hand
Des von Ribbeck auf Ribbeck im Havelland.

*Ribbeck heute: www.vonribbeck.de*

# Ein Gedicht auf der Bühne präsentieren

Schon beim Lesen des Gedichtes entstehen vor dem inneren Auge wunderbare Bilder und man möchte die vielleicht auch gerne einmal auf der Bühne oder in der Klasse präsentieren. Doch wie geht man solch ein Projekt an?

**Eine kleine Anleitung dazu:**

Sie sehen im Text die unterstrichenen (1) Rollen, die nach Anzahl der Teilnehmer besetzt werden können.

**Besetzung:**

***Erzähler*** Es kann eine Gruppe von Frauen sein, die vom Markt kommen und die schon immer untereinander neue und alte Geschichten ausgetauscht haben. Sie kommen aus verschiedenen Richtungen auf die Bühne, sind froh den schweren Korb absetzen zu können und sie schwatzen halt gern. So nach dem Motto: *Habt ihr schon gehört, der Herr von Ribbeck ...*

***Birnbaum*** Kann als Dekoration gebastelt werden, hinter der sich ein Darsteller verbirgt. Oder der Darsteller verkleidet sich als ein Birnbaum. Der Phantasie sind hier keine Grenzen gesetzt.

***Junge*** Ein Darsteller, der den Jungen spielt.

***Mädel*** Eine Darstellerin, die das Mädchen spielt.

***Bauern und Büdner*** Eine Gruppe von Darstellern, die traurig über die Bühne mit dem Sarg (kann aus einem großen Karton gebastelt werden) ziehen und den Herrn von Ribbeck laut beweinen.

***Kinder*** Eine Gruppe von Kindern, die das Ableben des Herrn von Ribbeck beweinen und am Beerdigungsumzug teilnehmen.

***Birnbaumsprössling***

Ein Darsteller, der bereits schon bei den Bauern oder Kindern eingesetzt wurde, lässt den Sprössling langsam hinter dem Sarg nach oben wachsen. Als Dekoration oder in Form einer Person.

**Bühnendekoration:**

Die Bühne stellt einen Platz dar, wo sich die Frauen in der Mitte zum Schwatzen treffen und wo an der einen Seite, hinterm Zaun, der Birnbaum wächst und der Herr von Ribbeck seinen Platz einnehmen wird. Man kann auch eine Parkbank (z. B. aus Stühlen) auf die andere Seite der Bühne stellen, wo sich die Frauen zwischendurch hinsetzen können, wenn über die Bühne die Bauern und Büdner, sowie die Kinder vorbeiziehen. Die Kostüme, den Rollen entsprechend sind eigentlich genug Dekoration. Ein Straßenwegweiser mit der Aufschrift: Ribbeck im Havelland – kann das Bild abrunden.

**Textverteilung:**

Aus dem Gedicht ergeben sich klar einzelne Sprechrollen.
Die Textabschnitte, die durch die Geschichte führen und die von den geschwätzigen Frauen übernommen werden, sollen so verteilt werden (*s. Beispiel Strophe 1*), dass eine lockere Konversation entsteht. Man kann hier bis zu 6 Rollen festlegen, die dann auch im Gedicht weitere Textabschnitte übernehmen.

EINLADUNG

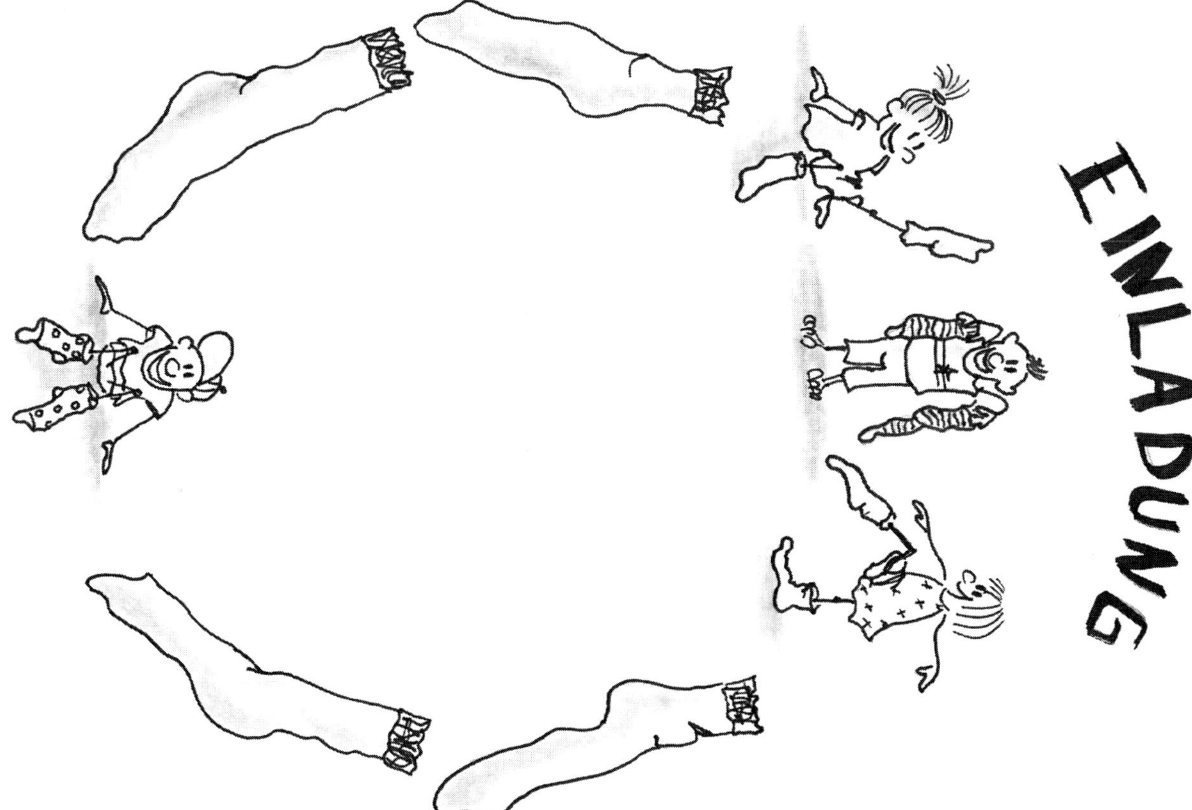
EINLADUNG